12/20.

RAZAS
DE PERROS
FAVORITAS

LOS DÁLMATAS

por Mary Ellen Klukow

AMICUS | AMICUS INK

Amicus High Interest y Amicus Ink están publicados por Amicus
P.O. Box 1329, Mankato, MN 56002
www.amicuspublishing.us

Información del Catálogo de publicaciones de la Biblioteca del Congreso

Names: Klukow, Mary Ellen, author.
Title: Los dálmatas / by Mary Ellen Klukow.
Other titles: Dalmatians. Spanish
Description: Mankato, Minnesota : Amicus/Amicus Ink, [2020] |
  Series: Razas de perros favoritas | Audience: Age 7. |
  Audience: K to Grade 3. | Includes index.
Identifiers: LCCN 2018054514 (print) | LCCN 2018055577 (ebook) |
ISBN 9781681519159 (eBook) | ISBN 9781681518893 (hardcover)
Subjects: LCSH: Dalmatian dog--Juvenile literature.
Classification: LCC SF429.D3 (ebook) | LCC SF429.D3 K5818 2020
  (print) | DDC 636.72--dc23
LC record available at https://lccn.loc.gov/2018054514

Créditos de las imágenes: iStock/lariko3 tapa; iStock/alvarez 2, 24;
iStock BilevichOlga 5, 10; Alamy/GROSSEMY VANESSA 6–7;
Alamy/Tom Martyn 8–9; Shutterstock/Jim Parkin 12–13;
iStock/fguignard 14; Age Fotostock/ Tierfotoagentur/J. Hutfluss 17;
iStock/SolStock 18; Age Fotostock/TOPIC PHOTO AGENCY IN 20–21;
iStock/GlobalP 22

Editora: Alissa Thielges
Diseñador: Ciara Beitlich
Investigación fotográfi ca: Holly Young

Impreso en los Estados Unidos de América

HC 10 9 8 7 6 5 4 3 2

TABLA DE CONTENIDO

VALIENTE E INTELIGENTE

Los dálmatas son una raza de perro muy conocida. La gente en todas partes ama su buen **temperamento**. A los dálmatas a veces se los llama dal. Son valientes e inteligentes.

PUNTOS Y MANCHAS

Los dálmatas tienen manchas. ¡Incluso tienen manchas dentro de sus bocas! La mayoría de los dálmatas tienen manchas negras. Algunos tienen manchas color **hígado**. Las manchas color hígado son de color marrón.

Hechos peludos
Los dálmatas son la única raza con este tipo de manchas.

HISTORIA

Los dálmatas fueron llamados
perros de **carruaje**. Corrían junto
a los carruajes cuando la gente
viajaba. Ellos despejaban el
camino. Eran rápidos. Protegían
a los caballos.

UN PERRO MEDIANO

La mayoría de los dálmatas mide aproximadamente 23 pulgadas (58 cm) de altura. Son de tamaño mediano. Tienen mucha **resistencia**. Podían correr por millas e ir al paso de los caballos. Eso los hacía perfectos para ser perros de carruaje.

BOMBEROS

Los bomberos también comenzaron a usar dálmatas. Los dálmatas corrían frente a los carros bomberos. Ladraban. La gente sabía entonces que debía alejarse del camino. Así pasaba el carro bombero.

Hechos peludos

Muchas estaciones de bomberos aún conservan a los dálmatas.

PROBLEMAS DE AUDICIÓN

La mayoría de los dálmatas pueden oír bien. Pero algunos son sordos de un oído. Unos pocos son sordos de ambos oídos. No pueden oír nada. ¡Pero sus dueños pueden enseñarles **lenguaje de señas**!

Hechos peludos

Los dálmatas que tienen ojos azules tienen más probabilidades de ser sordos.

CORRER POR TODOS LADOS

Los dálmatas son **atléticos**. Les encanta correr. Algunos van a correr con sus dueños. Algunos corren en sus patios. ¡Un dálmata puede correr más rápido que tú! Y puede correr por más tiempo también.

CACHORROS

¡Los cachorros dálmatas nacen sin manchas! Son completamente blancos. Las manchas comienzan a aparecer después de tres semanas. Siguen apareciendo durante meses. Los dálmatas tienen todas sus manchas cuando alcanzan los siete meses de edad.

Hechos peludos

Al principio, las manchas de un dálmata son muy claras. Se van oscureciendo con el tiempo.

PERROS ADORABLES

La gente ama a los dálmatas.
Son buenos perros de familia.
Les encanta jugar con sus
dueños. Saltan y corren. Luego
se acurrucan.

¿CÓMO SABES QUE ES UN DÁLMATA?

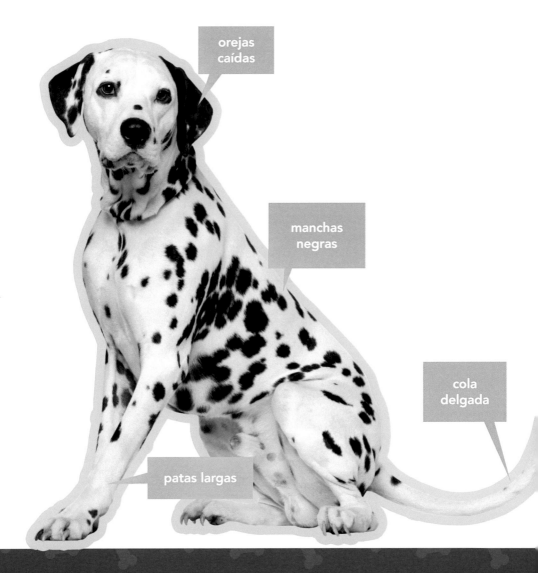

orejas caídas

manchas negras

cola delgada

patas largas

PALABRAS QUE DEBES CONOCER

atlético: activo y en buen estado físico

carruaje: un vehículo de cuatro ruedas tirado por caballos

hígado: color chocolate

lenguaje de señas: un lenguaje en el que se usan gestos con las manos en lugar del habla, que a menudo usan las personas con discapacidades auditivas

resistencia: la energía y la fuerza para seguir haciendo algo durante mucho tiempo

temperamento: la personalidad típica de una raza de perro

ÍNDICE